Fé Gheasa ¦ Spellbound

Dairena Ní Chinnéide

Fé Gheasa ¦ Spellbound

ARLEN HOUSE

Fé Gheasa ¦ Spellbound

Foilsithe in 2016 ag
Arlen House
42 Grange Abbey Road
Baldoyle, Dublin 13, Ireland
Fón/Facs: 00 353 86 8207617
Ríomhphost: arlenhouse@gmail.com
arlenhouse.blogspot.com

Dáileoirí idirnáisiúnta
Syracuse University Press
621 Skytop Road, Suite 110
Syracuse, NY 13244–5290
Fón: 315–443–5534/Facs: 315–443–5545
Ríomhphost: supress@syr.edu
www.syracuseuniversitypress.syr.edu

ISBN 978–1–85132–162–9, bog
ISBN 978–1–85132–172–8, crua

Ealaín ¦ Poppy Melia
'Kestrel Over Callahaniska'
gouache on handmade paper, 670mm x 480mm, 2011
www.poppymelia.com

Tá Arlen House buíoch de
Chlár na Leabhar Gaeilge
agus d'Fhoras na Gaeilge

Foras na Gaeilge

CLÁR ¦ CONTENTS

Do shaoirse aigne

SPELLBOUND

Fé Gheasa

I Lost My Poems at the Electric Picnic

The sound compounds me
from light to new dawn
a wild pulse of madness
that circulates around
from one person to another
everybody partying

madness and wildness in the air
that implodes in me
a drunk man weaves towards me
until he collapses
his sunglasses still perched on his nose
the smell of weed in the air.

I'm on my honeymoon
functioning in the zone
between toke and third cocktail
as the man said
'the possibilities are endless'
wild dancing in the mud
which sticks to fancy wellies
respite from the rain
a litany on the mouths of the crowd.

I feel divilment
I feel hope
god bless the wild gathering
that produces sex
in the rafters of our tents
where desire is expressed
and soaks into the bones
this is the cup of freedom

this is murmering music
let us sink our teeth

Chailleas mo Dhánta ag an bPicnic Leictreach

Cuimsíonn an glór mé
ó gheal go héirí eile gréine
cuisle fhíochmhar fiántais
a shruthlaíonn timpeall
ó dhuine go duine
gach éinne ag scléip
aiteas agus fiántas san aer
a phlódaíonn mé

lúbann fear ólta im threo
go dtiteann sé go talamh
a spéaclaí gréine fós ar a choincín
boladh raithní san aer
mé ar mhí mo mheala
ag feidhmiú sa *zone*
idir gal agus an tríú *cocktail*
fé mar a dúirt an té a dúirt:
'the possibilities are endless'

rince fiáin sa phluda
a ghreamaíonn do bhuataisí galánta
faoiseamh ó bháisteach
ina liodán ar bheola na sluaite
braithim diabhlaíocht
braithim dóchas
bail ó dhia ar an bhfulacht fiáin
a thálann gnéas
i bhfrathacha na bpuball
faoina léirítear dúil
a smiorann isteach sna cnámha
seo é súp na saoirse
seo monabhar ceoil
cuirimís ár bhfiacla
go doimhin isteach

deep into the rib of the party
to ignite a spark
which bursts towards freedom

let the cow be milked
may the hen shit in the yard
they are all nuts
go with the flow
because if you don't
you'll be left in the woods
bare without a picnic.

in eangacha na cóisire
d'fhonn splanc a lasadh
is pléascadh i dtreo na saoirse

deintear an bhó a chrú
cacadh circín sa bhuaile
táid go léir as a meabhair
téir leis an *flow*
mar mara ndeinir
fágfar ina chac sa choill thú
lom gan phicnic.

II

I lost my poems
at the Electric Picnic
I was too busy
going off my head
in one way
or another.

I lost my poems
at the Electric Picnic
the Irish Tent
seething
with sean-nós dancing box players
Rónán and the Cabaret Craiceálta
and people being arrested
for talking Irish
to the cops.

I lost my poems
at the Electric Picnic
a man drunk out of his head
pissing on my tent
I drank vodka cocktails
instead of crying for help
in the middle of the VIP Boutique
a field full of tents
a mad field without sleep.

I lost my poems
at the Electric Picnic
well of madness
source of music
my ass sore

II

Chailleas mo dhánta
ag an bPicnic Leictreach
bhíos róghafa
ag dul as mo mheabhair
ar shlí amháin
nó ar bhealach eile.

Chailleas mo dhánta
ag an bPicnic Leictreach
an Puball Gaeilge
ag suaitheadh
le boscadóirí ag rince sean-nóis
Rónán is an Cabaret Craiceáilte
is daoine gorma á ngabháil
toisc gur labhradar Gaeilge
leis na *peelers*.

Chailleas mo dhánta
ag an bPicnic Leictreach
fear ar a chaid
ag múnadh ar mo phuball
d'ólas *vodka cocktail*
seachas scréach a dhéanamh
i lár an *VIP Boutique*
gort lán de thentanna
garraí gealaí gan chodladh.

Chailleas mo dhánta
ag an bPicnic Leictreach
tobar an fhiántais
foinse an cheoil

from whirling music
in eclectic tents
a fresh taste in each cave

the blues fucking
with Madness who swallow
the aging Beach Boys
that trip over Orbital
which magics poetry
soaking up happiness
in the Body and Soul.

I lost my poems
at the Electric Picnic
I'd lose my virginity
if I still had it
in this wonder of delight
the bright smack of sex
deep in the dark wood
a choice of food and wine
in this multisound trip
that rips your core

amazing conversations
with strange strangers
my firm smiling friends
for ten minutes
until more entertainment is born
on my naked lips
or until I forget
moving on another path.

My book went astray
I think

mo thóin tinn
le luascadh ceoil
i bpluaiseanna ilchineálacha
blaiseadh úr i ngach pluais
na Gormchaí ag focáil
le *Madness* a alpann
aostacht na *mBeach Boys*
a thripeálann *Orbital*
a thaibhsíonn píosa filíochta
ag sú suas sonais
sa *Body and Soul*.

Chailleas mo dhánta
ag an bPicnic Leictreach
chaillfinn mo mhaighdeanacht
dá mbeadh sí fós ar fáil
i ngliondar seo an áthais
bualadh binn leathair
go doimhin istigh sa choill dhorcha

do rogha bídh is dí
i dtripeáil ilchluasach fuaime
a réabann do smior
comhráití iontacha
le strainséirí strainséartha
mo chairde gealgháireacha dlútha
ar feadh deich nóiméad
go mbeirtear foinse siamsaíochta eile
ar mo bheola nocht
go ndearúdaim
ag gluaiseacht ar chosán eile.

Chuaigh mo leabhar ar strae
is dóigh liom

I left it under an oak tree
at three am
functioning under the influence
of a mad philosophy
that they were better off
or that I forgot
well I really don't know.

I lost my poems
at the Electric Picnic
I ripped but did not lose my senses
a fresh blast
for the wandering poet
a fierce pulsating pulse
that will fuel the winter.

I lost words
but gained desire
the oak will peak
with fresh words
an immersion of soul
the cure

fun and merriment
transformed into three days
the picnic
that was electric
and that officially opened
the forties
forty poems lost
forty reached
the start of the fun.

gur fhágas fé chrann darach é
ar a 3 a chlog ar maidin
ag feidhmiú fé thionchar
fealsúnachta míreachta
go rabhadar níos fearr ann
nó gur dheineas dearúd
iad ag plódú síos san ithir
bhuel n'fheadar i ndáiríre.

Chailleas mo dhánta
ag an bPicnic Leictreach
réabas ach níor chailleas mo chiall
bleaist friseáilte
don fhile ar strae
preabarnach fhíochmhar chuisle
a bheathóidh an geimhreadh

chailleas focail
ach
fuaireas fonn
péacfaidh an dair
le foclaibh úra
tumadh anama
an leigheas

scléip agus ragairne
claochlaithe i dtrí lá
an phicnic
a bhí leictreach
is a d'oscail go hoifigiúil
na daichidí
daichead dán imithe
is daichead bliain slán
tús na scléipe.

III

Three days later
after the embers of fun smoulder
colouring a thousand stars
dancing in front of my eyes
that pulse
still circulating
in the quiet of Cúirt Phiarais
that long ebb of tide
hitting me with a slap

a parcel came through the door
some angel
who put my poems in the post
found lost
after the Electric Picnic

I smile
thinking of the madness
the infant poems
settled in my head
as Dorothy settles in from Oz
to start a new life
to plough a new field
magical words
flowing from the pen
sheltering winter cold
lighting a spark
on a bad day.

I lost my poems
and it was electric!

III

Trí lá níos déanaí
agus smionagar na scléipe
ag dathú na mílte réiltín
a bhí ag rince os comhair mo shúl

an chuisle sin
fós ag sruthlú trí
chiúnas Chúirt Phiarais
an trá fhada taoide sin
a bhuaileann thú le *slap*

tháinig beart tríd an ndoras
aingeal éigin
a chuir mo dhánta caillte sa phost
a fuarthas ar strae
t'réis na Picnice Leictrí.

Tháinig miongháire orm
ag cuimhneamh ar an aiteas
na gearrcaigh dánta
istigh i nead chluthair mo chinn
is Dorothy ag filleadh ó Oz
chun saol úr a thosnú
gort nua le treabhadh
focla draíochta
ag sileadh ón bpeann
ag sárú fhuacht an gheimhridh
is a lasfaidh splanc
ar dhrochlá.

Fuaireas mo dhánta
is bhí sé leictreach!

Hoodemaroo

for A.D.

White faerie blood
crimson with humanity
seeping with empathy
in this dusky folly
of puddled clay cliffs
transmuted into a bare tree
flooded with joy.

Descending from the ground up
a half-hawk
an eye as quick
as a deaf man's ear
soul exploding
like a lioness
birthing a race.

Hoodemaroo

do A.D.

Fuil bhán sí
dearg le daonnacht
ag úscadh le hionbhá
i mbaois bhreacdhorcha
fé fhailltreacha cré fuinte
claochlaithe ina crann lom
ag sceitheadh sonais.

Ag tuirlingt ón dtalamh aníos
ina leathsheabhac
súil chomh mear le
cluais bhodhar
anam pléascach
ar nós leoin bhaininn
ag breith cine.

Washington

for Kay and Boris

The Cherry Blossoms
were scattering
on my first day there
like fairy gifts
throwing a soft pink shadow
on the House that is White
hidden behind
security barriers
creating mystery
about the guy who sits inside.

I wasn't asked in
for tea.

You feel
you're in the thick of things
that there is a power source
coming from the stones
history and secret stories
from Capitol Hill to the
Lincoln Memorial.
There's Watergate in the rain
and the FBI underground
watching me
listening to the petals falling to the ground
who knows
what stories
the trees have.

Washington
do Kay agus Boris

Bhí bláth an tsilín
ag scaipeadh
an chéad lá dom ann
ar nós fhéiríní na sióg
ag caitheamh scáth bándearg
ar an Teach atá Bán
folaithe taobh thiar
de bhacanna slándála
ag cruthú mistéire
faoin té a shuigh laistigh.

Níor iarradh orm isteach
chun tae.

Braitheann tú go bhfuilir
i lár an aonaigh
go bhfuil foinse cumhachta
ag teacht ós na clocha
stair is scéalta rúnda
ó Capitol Hill go dtí an
Lincoln Memorial
tá Watergate sa bháisteach
is an FBI fé thalamh
ag faire orm
ag éisteacht le peitil
na silíní ag titim go talamh
n'fheadair éinne
ach na scéalta
atá ag na crainn.

Broken Mirror

Sitting in a pub
with my lousy prospects
tension in my stomach
and a sharpness to my voice
a hole in my heart
my breath, the giveaway
that betrays me
when there is a crisis on my mind.

I'm drinking tea
because the drink doesn't
agree with the depression
one or two maybe
but after that
your thoughts slip
into the darkness
sorrow drowns your throat.

This black isle is a strange place
no one gets citizenship
except your rotten self
walking in the darkness
the sheer weight of your mind
exceeding even the pills
makes a mockery of them.

You just have to go through the day
respite in chain smoking
turn off the sun
there are sunglasses on my soul
there's an emotional recession
the bank of my mind
must stockpile feelings

SCÁTHÁN BRISTE

Suite i dtábhairne
mo *phrospects* lofa
teannas im' bholg
is faobhar lem' ghuth
spás folamh im' chroí
is m'anál, an feallaire fonn
a thréigeann mé
is cruachás ar m'aigne.

Táim ag ól tae
mar ná tagann an deoch
leis an ndubhach
tomhaisín beag nó dhó
ach ina dhiaidh sin
sleamhnaíonn do smaointe
isteach i dtobar an dorchadais
is níl aon dul as
ach go mbánn an brón do scornach.

Is fánach an t-oileán an dubhach
níl cead saoránachta ag éinne
ach tusa lofa
ag siúl sa dorchadas
gan splanc solais
ach síorualach d'aigne
ag sárú fiú na bpiollaí
deineann spior spear díobh.

Níl ann ach dul tríd an lá
faoiseamh i síorchaitheamh tobac
cas amach an ghrian
tá spéaclaí dubha ar m'anam
tá cúlú mothúcháin ann
caithfidh mo bhanc intinne
neart mothálach a charnadh

for there will be bloody interest
if my mirror breaks.

mar bainfear ús fuilteach
má bhriseann mo scáthán.

Cibeal Eile

I am as angry as a butterfly,
as uneasy as a drunken sufi,
arguing with the mute air,
burned by the cold,
pregnant with a fit of love,
birthing a quiet storm
under the coloured heat of the sun
which envelopes my naked body,
announcing the coming of summer.

Cibeal Eile

Táim chomh feargach le péileacán,
chomh míshuaimhneach le *sufi* ólta,
ag argóint leis an aer balbh,
dóite ag an bhfuacht,
torrach le taom grá,
ag breith stoirm chiúin,
fé theas daite na gréine,
a chuimsíonn mo chorp nocht,
ag fógairt theacht an tsamhraidh.

Cetus

for Noelle Campbell-Sharp

I say farewell to my womb on the cliffs
under green-greyness
and the soft song of the quiet-clean stream
by my side.

My body's landscape sees
a vision of whales
and the non-sound of the sea.

A bottle-nosed whale
and suckling loyally at her tail
is her small soft calf.

They are on a soul journey
for us wanderers
telling us they lie under a spell
in this Bay of Scealg
spreading mindfullness.

They are the picture hanging in the
frame of my peace
like solid peaks of rock
on the edge of the world.

From the weeds on the cliff
I project a battle-cry from my heart
that they ignore
the fallacy of the killer-whale
who sings on the stream.

And that their humps
give sanctuary to their selfhood
as they face the sea.

Cetus

do Noelle Campbell-Sharp

Fágaim slán lem' bhroinn faille
fé liathghlaiseacht
is amhrán bog an tsrutháin thostghlain im' aice.

Amharc ar mhíola agam
i súil thírdhreach mo choirp
is neamhfhuaim seo na farraige.

Míol mór bogshrónach
is ag tál dílseachta lena heireabeall
a gamhainín beag bog.

Iad ar aistear anama
dúinne a bhíonn ar fóraoil
dá rá go rabhadar fé gheasa
i mBá seo na Scealg
ag craobhscaoileadh intinneachta.

Is iad mo phictiúr iad
i bhfráma mo shuaimhnis
iad go stuama starraicíneach
ar imeall seo an domhain.

Ar an bhfaill sna fiailí
teilgim gáirliú óm' chroí
ná héisteoidís leis
an gcráin dhubh bhréige
a chanann ón sruth.

Is go dtabharfadh a ndroinneacht
tearmann dá bhféiniúlacht
is a n-aghaidh chun farraige.

Butterfly in Seán Ó Conaill's House

Slowly rising from sleep
in sunshine
and the crow's caution
I sit out
to stare at the sea.

A seagull's whistle
beckoned me inside
to the darkness of the house
the trace of its books.

I sat in Seán Ó Conaill's house
seeking a poem
then met some ghosts
one was a butterfly.

I opened the door
my hands like a chalice
and setting the soul free
I'd found my poem.

Péileacán i dTigh Sheáin Uí Chonaill

Ag éirí go mall óm' chodladh
fé ghrian
is foláireamh na bpréachán
mar a suím
le stánadh ar an bhfarraige.

Fead faoileáin
a thug isteach mé
go dorchadas an tí
is láithreog a chuid leabhar.

Do shuíos i dTigh Sheáin Uí Chonaill
ar thóir dáin
tháinig púcaí orm
ceann ina phéileacán.

D'osclaíos an doras
mo lámha ina gcailís
gur scaoileas an t-anam saor
is fuaireas mo dhán.

THE DAY THE BLASKETS WERE NICKED

If, on one wintry morning, by surprise
they were nicked from the sea
their absence akin to a lost soul;

the distance between me and the horizon
gap-toothed without their wild ghosts
concealed in fierce slabs of rock;

like stones on my prayer beads
in the vast church of nature
God hidden under sea mist;

marginal, like myself
a three dimensional sanctuary
on the tides of fate.

An Lá a Sciobadh na Blascaodaí

Dá sciobfaí ón bhfarraige iad
maidin éigin gheimhriúil, de gheit,
ba chailliúint anama a neamhláithreacht;

an fhaid idir mé is íor na spéire
mantach gan a bpúcaí sceirdiúla
ceilte sna stuaiceanna fíochmhara;

mar a bheadh clocha ar mo phaidrín
in eaglais fhairsing an nádúir
Dia i bhfolach fé cheobhrán mara;

imeallach, ar mo chuma féin
ina dtearmann tríthoiseach
ar thaoide na cinniúna.

THE THIRD EYE

Looking back
there is a road to the bosom of the sky
no barriers, just clouds
that is where my hope lies
imprinted on a blue sky
an eternal horizon
no daily grind
no judgment of fools.

This is the cozy nest of my soul
the core of my story
the peace of truth
where dancing naked is permitted
sanctuary from a world, deaf
to the frequency of my difference.

Out in front
is the sky of the future
the expanse of sea
an uneasy prophesy in my eye
I imagine fierce creatures in those clouds.

But there is a third insight
we are one under the cloak of the universe
through our pain a new tune will come
carried by a gull on the wind
planting a seed in the earth
that will release a spark
from a voice that lives
in the hidden space
seen by the third
eye of the soul.

An Tríú Súil

Ag féachaint siar
tá bóthar go baclainn spéire
gan chonstaic ach scamaill
is ann atá mo dhóchas
greannta ar spéir ghorm
íor síoraí spéire
gan sailiú saoltachta
ná breithiúnas na n-óinseach.

Seo nead theolaí m'anama
áit is ceadmhach rince nocht
de shíor ag fiosrú port nua
tearmann ar shaol atá bodhar
ar mhinicíocht m'éagsúlachta.

Amach chun tosaigh
tá spéir an tsaoil atá le teacht
is fairsinge na mara
tá tuar corraitheach im' shúil
taibhsím ainmhithe allta sna scamaill
nochtaithe ó bhroinn m'aigne.

Tá an tríú léargas ann
mar is ionann sinn uilig fé bhrat na cruinne
mar eadrainn cumfaidh pian port
a iompróidh faoileán ar an ngaoth
a chuirfidh síol sa talamh
a scaoilfidh saor smior splaince
ó ghuth a mhaireann
sa spás siorai ceilte
a chíonn súil eile
an anama.

DEATH NOTICE

in memory of Dr Mike Carney

An islander died today
a word in the language died
a tradition died
a local place name died
a piece of an ancient culture died
an islander died today
the local race lost a person.

Fógra Báis

i ndilchuimhne ar an Dr Mícheál Ó Cearna

Cailleadh oileánach inniu
cailleadh focal ón dteanga
cailleadh nós imeachta
cailleadh logainm áitiúil
cailleadh smut de chultúr ársa
cailleadh oileánach inniu
chaill an cine dúchais duine.

Divilment

A desire for divilment peaks,
like sweet sugar in the blood,
mischievousness in the eyes,
seduction in your heel,
a love knot on your hip;
the see-through spell
like a trout in a net
at the mouth of the river;
the bailiffs of morality
white with horror
as you sizzle
with hidden secrets;
the quickening of your pulse
slowing you down;
desires erupt
over the high tide line;
bent proportions
heavy with mystery;
you could explode into a translucent flower
wild for fun;
a survivor
on the run
from the threat of banality.

Diabhlaíocht

Péacann fonn diabhlaíochta
ar nós siúcra mhilis sa bhfuil,
fonn mioscaise sna súile,
mealltacht id' shála,
snaidhm seirce ar do chom,
deismireacht thrédhearcach
ar nós bric sa líon
ag béal na habhann;
báillí na moráltachta
bán le déistin
is tú ag siosarnach
le rúnta ceilte;
tapú na fola
ad' mhoilliú;
brúchtaíonn mianta
thar líne barra taoide
comhréir lúbtha
trom le mistéir;
d'fhéadfá pléascadh
isteach i mbláth tréshoilseach
fiáin chun cuideachta;
bean inste scéil
ar teitheadh
ó bhagairt na comóntachta.

Mother and Son
for a young Jeaic

You are the thread that fills
the twisted tapestry of my heart
the bright shadow of wonder
that gives meaning to my day
the knit and purl
that decorates my dreams
and the sad ghostly lament of my sleep
until I see a spark in your face
and the welcoming heat
that flowers from your childish kiss
when I am far away from you.

Suddenly my heart breaks
with this exile from responsibility
the constant wandering from motherhood
when I see a text that says
'come home Mom'
my breath fails.

I count the days
the hours
until I will come home
and send a text back
to my fair-haired boy
to put him at his ease
and I drift downstream
with the responsibility of my work
holding onto that thread
the umbilical pulse
coming home safe to you.

Máthair is Mac

do Jeaic óg

Is tú an tsnáthaid a líonann
taipéis chorraithe mo chroí
an scáth geal áthais
a thugann brí dom' lá
an deiseal is tuathal
a mhaisíonn mo thaibhrimh
is goltraí taibhsiúil mo chodlata
go bhfeicim loinnir do ghnúise
is an teas fáiltiúil
a bhláthaíonn ód' phóigín glé
is mé i bhfad ó bhaile uait.

Go tobann briseann mo chroí
leis an deoraíocht seo óm' dhualgas
an tsíorfhánaíocht óm' mháithreachas
nuair a fheicim téacs a deir:
'tair abhaile, a Mham',
cliseann ar m'anál.

Comhairím na laethanta
na huaireanta cloig
go dtagaim abhaile
is cuirim téacs thar n-ais
dom' bhuachaillín fionn
chun é a chur chun suain
is snámhaim le sruth
faoi chúraimí oibre
ag breith ar an tsnáthaid san
an chuisle a shileann óm' imleacán
go dtagaim slán abhaile chughat.

LETTERBOX

At home in the morning
she hears the letterbox
banging
and then plop
another attack
from bureaucracy
like a cluster bomb
on the floor.

Her stomach rises in panic
will she open them
or will she hide them
in the bank
of her helplessness
eventually they attack her
on the phone anyway
perhaps it is the bank
or a phone company
or the tv licence
today she'll deny them
for tomorrow there will be another attack.

Bosca Litreach

Ar maidin 'ge baile
cloiseann sí an bosca litreach
ag bualadh
agus *plop*
ionsaí eile
ó shaol an mhaorlathais
ina *chluster bomb*
ar an urlár.

Tagann *panic* ina bolg
an osclóidh sí iad
nó an gcuirfidh sí i dtaisce iad
i mbanc a dímrí
sa deireadh ionsaíonn siad í
ar an nguthán pé scéal é
b'fhéidir gur banc
nó comhlacht guthán
nó ceadúnas teilifíse
a bheidh ann
inniu séanfaidh sí iad
mar tiocfaidh ionsaí eile amárach.

Magic

Light like shards
on wet cliffs
spume showered
suddenly
behind cloud.

Observe
the disappearance
of a magic swirl
of white foam
on a green sea.

Draíocht

Smionagar solais
ar fhaillte fliucha
cúr scrabhaiteach
fé scamaill cheilte
de gheit.

Scrúdaigh
cuilithín draíochta
de cháitheadh bán
ag imeacht as radharc
ar fharraige ghlas.

Border

for Billy Kiely

It was only a small monument
on the ground at the side of the street
the name of the person who lived there
and the date in 1944
that he was taken to Auschwitz
a cold shadow crept over my neck
and the white moon darkened
in reverence for this man
who lived here in Offenberg
on the French border
under the shadow of the tall trees
of the Black Forest.

I crossed the border
to seek another culture
to drink a beer
Weissbier in Zum Andres
as evening twilight
fell on the *biergarten*
in this sleepy little town.

I sit with my friend
and return to Strasbourg
under an almost full moon
and dedicate a prayer
to the man from Offenberg
who crossed the border of horror
and never came home.

Teorainn

do Billy Kiely

Ní raibh ann ach leac bheag
ar an dtalamh taobh sráide
ainm an té a mhair
is an dáta i 1944
gur tógadh go Auschwitz é
sciorr fuacht lem' mhuineál
is dhorchaigh gealach bhán na spéire
in ómós don bhfear
a mhair anso in Offenberg
ar theorainn na Fraince
fé scáth chrainn arda
na Foraoise Duibhe.

Thrasnaíos an teorainn
d'fhonn cultúr eile a shú
chun beoir a ól
Weissbier in Zum Andres
is clapsholas an tráthnóna
tititheh ar an m*bierggarten*
sa bhaile beag codlatach seo.

Suím lem' chara
is téim thar n-ais go Strasbourg
an ghealach geall le bheith lán
is tiomnaím paidir
don bhfear ó Offenberg
a thrasnaigh teorainn an uafáis
is nár tháinig abhaile.

Swallows

My burden
wasn't bothering the swallows
that fateful Autumn morning.

Seven split-tailed birds
swerving mutinously
on the morning wind.

They followed my inner pilgrimage
the length and breadth of the country
the summer my mind vibrated.

I believed them to be portents of hope
making the split in my own tail
an ordinary thing.

They were the artful knights of love
the mysteriously erratic silk
of every winged path.

Their cyclical visitation mystified me
they raised their young in my shed
their brotherhood was ecstatic sadness.

Now I see a lone swallow
in a singular state of freedom
with a return ticket to my destiny under its wing.

FÁINLEOGA

Ní raibh m'ualach
ag cur aon mhairg ar na fáinleoga
maidin chinniúnach fhómhair.

Seacht n-éan eireaballscoilteacha
ag luascadh go ceannairceach
ar ghaoth na maidine.

Leanadar m'oilithreacht aigne
faid is leithead na tíre
samhradh mo thonnchrith intinne.

Chreideas go rabhadar ag tuar dóchais
ag déanamh gnáthrud
de scoilt m'eireabaill féin.

B'iad ridirí ealaíonta an ghrá
i mistéir chorr charraigeach shíodúil
gach conaire sciathánaí acu.

Gliondar a bhí ina gcuairt thimthriallach orm
ag tógaint áil sa bhothán ar chúl an tí
ba gheall le brón áthais a mbráithreachas.

Ansan chonac fáinleog aonarach
saighdiúirín singil na saoirse
ag iompar thicéad fillte mo chinniúna féna eireaball.

Ripples

If I could eat the sea foam
I'd eat starfish,
fried over-easy in the sun,
hissing and spitting
like crab-claws on a turf fire.

If I could lick the sky
I'd lick the contents of heaven,
turned blue over time
by the bright-dark mountain,
untouched by anything.

Cuilithíní

Dá bhféadfainn an cúrán a ithe,
bheinn ag ithe réiltíní farraige,
friuchta go bog ar an ngrian,
ag lúbadh is ag osnaíl ar nós
ordóga á gcócaráil ar mhóin lasta.

Dá bhféadfainn an spéir a líobadh,
bheinn ag líobadh lucht neimhe,
gormaithe go mall le gealdoinne
an chairn sléibhe, cosanta ag dún
cloiche ó bhuaireamh an tsaoil.

Frenzy

Like a hallucination on acid
I see diabolical secrets
of the human race
and the race of prevaricators
like a burning flame
on the marginal iris
of my peculiar mind.

Multi-track audio
in a chaos of music
buried in my ears
I hear truths
that murder my spirit
a treacherous speed-induced sound
no one else hears

each love that attaches to my cheek
a tactile hallucination
skin cells in delightful orgasm
like a night on E
proclaiming
wild warm wondrous
sexuality

my mania hallucinates too
like a visual trip in dreams
mixing a colourful dough
without any MDMA
my natural high
my manic depressive weirdness
frightening me now

Buile

Ar nós dalladh súl *acid*
cím rúnta diamhra
an chine dhaonna
is an chine bhréige
ina lasair dhóite
ar imreasc imeallach
mo chlaontachta rúnda

multitrack fuaime
ina chíor thuathail cheoil
ag ciúnú is ag pléascadh
folaithe im' chluasa
cloisim fírinne
a mharaíonn mo sprid
fuaim fhealltach fhothram *speed*
ná cloiseann éinne eile

gach grá a ghreamaíonn dom' chneas
ina chibeal tadhlaíochta
cealla craicinn ag súnás
amhail trip *ecstaise*
ar mo chraiceann
ag craobhscaoileadh collaíocht
fhiáin fhiúntach

bréagchéadfaíochas mo bhuile
ina shaghas geise
ag meascadh taoscán daite
gan *MDMA*
mo thripeáil nádúrtha
m'aiteas máindúlagrach
ag cur sceimhle orm anois

on a rough day
in the sea it's palpitations not fish
swimming through my pulse
as the vertigo conquers
the world like a Skunk induced stone
but this plant grows inside me
without a legal permit
in the crackhouse of my inner craziness

other days
brightness comes
a steady breath
a happy laugh
but I fear myself sometimes
and sadly the world fears me
with my mysterious mind diglossia

cruel world
for someone like me
the happy camper at the well
riding clouds
and digging in deathsongs
do not covet my freedom of mind
or judge me
for I do not always choose the trip of the day.

san uisce ní iasc ach éasc
a shnámhann trím' chuisle
mar a cheansaíonn meadhrán
an saol ar nós taom *skunk* chlochálta
ach fásann an planda seo ionamsa
gan ceadúnas dleathach
crackhouse mo dhíchéille pearsanta

laethanta eile
tagann gileacht
anál rialta
gáire sásta
is eagal liom mé féin ar uairibh
is is eagal leis an saol mé
lem' dhébhéascna mhistéireach aigne

is tarcaisneach an saol
lem' leithéidse
mar a bheadh gealt gealgháireach ag an dtobar
ag marcaíocht ar scamaill
is ag tochailt i marbhna báis
ná santaigh mo shaoirse intinne
is ná dein breithiúnas orm
mar ní mé i gcónaí a roghnaíonn *trip* an lae.

The Spell

My blood circulates
as I lie in bed
I hear it in my head
parallel to the day
that is wandering in the minds
of other people who toil
for various reasons
the blood is moving
in the lunchtime quiet
I am like a butterfly
stuck in a fish net
my wings denied
flight
I'd do something
but this silence
is beautiful
I feel like a cloak of silk
as I gulp breath
devouring the laziness
falling from me under water
my blood circulates
and then
silence.

An Gheas

Sruthlaíonn mo chuid fola
is mé ag luí im' leabaidh
cloisim é im' cheann
cliathánach leis an lá
atá ag sodar i gcloigne
na ndaoine eile a shaothraíonn
ar son cúiseanna éagsúla
an fhuil ag bogadh
fé chiúnas am lóin
mé mar a bheadh péileacán
greamaithe i líontán éisc
an eitilt ceilte ar mo
chuid sciathán daite
dhéanfainn rud éigin
ach tá an tost seo
go hálainn
mothaím an tost mar
bhrat síoda
slogaim uaim siar anál
ag alpadh na leisce
ag titim uaim síos fé uisce
sruthlaíonn mo chuid fola
is ansan
tost.

WEDNESDAY

Six days
without you
without your voice
without your affection
without your embrace
without your speech
without your company
without us

I'm on the tail
of the seventh day

without you.

Céadaoin

Sé lá
gan tú
gan do ghuth
gan do ghean
gan d'fháisceadh
gan do chaint
gan do chomhluadar
gan sinne

mé ar eireaball
an seachtú lá

gan tú.

Mermaid in the Lake

On the run from myself
under the mountain sanctuary
as I moved
over soft fields
and the walls of my conscience
that I might find peace.

Soul journey
as I seek the space
of regular breath
worshipping blank pages
with my personal rituals
without the cockerels of life in my ear.

My internal forecast is rough
critical showers
wintry unease
like grey clouds
over my summer
as I seek the sun with my pen.

My streams overflow
with emotional floods
leaving chaos on my river's edge
I retreat into the lake
suckling the energy of quiet
away from confusion and heartache.

I aspire to the meditative state of monks
to correct, without correcting
on the path of equilibrium
I am not of the great world
but a mermaid with an MA in pretence
eternally dreaming of water.

Murúch sa Loch

Ar teitheadh uaim féin
fé thearmann sléibhe
mar a ghluaiseas
thar mhachairí méithe
is clathacha mo choinsiasa
go bhfaighinn suaimhneas.

Aistear anama
mé ag tóraíocht an spáis
go mbeadh m'anál rialta
ag adhradh leathanaigh bhána
lem' dheasghnátha pearsanta
gan coiligh an tsaoil im' chluais.

Tá m'aimsir inmheánach garbh
ceathanna cáinteacha
míshocracht gheimhriúil
ina scamaill liatha
ar mo shamhradh
ag lorg na gréine lem' pheann.

Tá mo shrutháin ag cur thar maoil
ag tuilte mothálacha
a fhágann scríob is scrios ar mo bhruach
cúlaím isteach sa loch
ag tál fuinnimh sa chiúnas
ó mhearathal is crá croí.

Is ansa liom macnamh na manach
go gceartóinn, gan cheartú
ar chosán na cothromaíochta
ní den tsaol mór mé
ach murúch le Máistreacht sa chur i gcéill
de shíor ag taibhreamh ar uisce.

Transformation

A fine, steady, transformation
sown in the earth
resurrection of body and soul
in the pulse of sun and moon
feminine streams
flowing blood red
my power source
soaring over clouds
my well of love
granted to the air
in respect of the gods
glorious daily rhythms
bestowing a quiet peace
as I worship my life
with soul prayers
from the vast sea.

Claochlú

Claochlú mín, réidh
síolraithe sa talamh
aiséirí coirp agus anama
i gcuisle gréine agus gealaí
sruthanna na baineannachta
ag sileadh fuil dhearg
mar fhoinse cumhachta
eitlíocht os cionn scamall
mo thobar grá
á bhronnadh ar an aer
mar ómós dos na déithe
rithimí laethúla áthais
a thugann cuan ciúin
go n-adhraim mo bheatha
le paidreacha anama
ón bhfarraige fhairsing.

HERACLITUS

The femininity of river
moulding something new
with each water run.

A reprinted shape
with each fresh shower
like constantly changing beauty.

If you stand in her
be ready for the daily transformation
the stream bestows.

Heraclitus

Baineannacht na habhann
ag déanamh múnla nua
le gach rith uisce.

Athchló crutha
fé gach cith úr
síorathrú áilleachta.

Má sheasann tú inti
bí ullamh don gclaochlú laethúil
a bhronnann sruthán.

Sorrow

Sorrow
pouring out of me like blood
for every hurt
for raw
inexplicable fear
for the oppression
of any race
any brother
masculine or feminine

for the sorrow of weather
on the mind
for the let down
of growing up
for brutality
against
anyone born
without a second skin

for the cries
of those who still walk
but are lost
for the insanity of the banal
for the tether that reins
a blind ghost
flying on one wing

for the unusual disposition
for the burial of the imagination
for the status quo
for the sorrow it chokes
for personal insults
for lack of music

Brón

Brón
ag sileadh fola asam
do gach gortú
don eagla amh
gan mhíniú
do chur fé chois
aon chine
aon bhráthar
baineann nó fireann

do ghortú na haimsire
ar mheon
don ligint síos
a thagann le fás aníos
do bhrúidiúlacht
i gcoinnibh
aon dream a rugadh
gan an dara craiceann

do chaoineadh
an té a shiúlaíonn fós
ach atá ar strae
do dhíchéille na comóntachta
don gceangal a chuireann iallait
ar phúca dall
ag eitilt ar leathsciathán

don mheon ait
d'adhlacadh na samhlaíochta
don *status quo*
don mbrón a thachtann sé
do mhaslaí pearsanta
d'easpa ceoil

for the strange spirit
who unleashes a ripple
in a world
without that quiet space
for the crimson tears
that break a heart.

do sprid stróinséartha
a scaoileann cuilithín
i saol
nach ann don bpóirse ciúin
do dheora fola
a bhriseann croí.

CORCA COIRGEOGACH 2033

a *Transition Town* vision of the Dingle Peninsula in 2033
for Rachel Holstead

Bee drone
fractaled
living spark
the spiraled webs
from the tops
of glass castles
food rebirth from our bellies
from the ground up
beehive aesthetic
to drink from rain water
of melted grazing
hügeltur in the hills
flowing life
in heart-centered communities
equal in love
in every compost bin
outside our welcoming hearths
despite the prophesy of origin
or tribal lineage.

CORCA COIRCEOGACH 2033

'... the totality is not, as it were, a mere heap, but the whole is something besides the parts' – Aristotle, *Metaphysics Book H*

for Rachel Holstead

Dord beach
frachtálaithe
ina loinnir bheo
líontáin chriosaithe
ó bharraíocha
na gcaisleán gloine
athfhás bídh ónár ngoilí
ón dtalamh aníos
aeistéitic choirceogach
ag ól as uiscí báistí
i gcoimín féarach
hügeltur sna cnoic
sileadh beo beathaithe
i gcroí pobal buanaithe
cothrom i ngrá
i ngach araid múirín
lasmuigh dár dtinteáin fháilteacha
ainneoin tír tairngreachta
is ginealach treibhe.

QUAKING GRASS

Sunday morning
wary of the quaking grass
barefoot in hazy recollection
as an upslope haze rises from the sea.

The weather is like the Mass
of a congregation of concealed bodies
bare naked by the roadside
as a land haze falls.

How exposed the sermon
beneath my wave
bare skinned, volatile and shell encrusted
as the haze of a descending sun.

The day confesses the sins of history
conjuring light from the famine black
bearing secrets in a flight of oratory
as a night haze rises from a crescent moon.

Féar Gortach

Maidin Domhnaigh
ag seachaint an fhéir ghortaigh
cosnocht fé mheathchuimhní
is ceo leacan ag éirí ón bhfarraige.

An aimsir mar Aifreann
ag pobal na gcorpán ceilte
lomnocht ar thaobh bóthair
is ceo talún ag monabhar.

Is feidhirsceirdiúil an tseanmóin
fé mo thonn
beo nocht, guagach, sligeach
is ceo gréine ag tuirlingt.

Admhaíonn an lá peacaí na staire
taibhsím gileacht as an drochshaol
rúin nochtaithe, roscadh file
is ceo fé chorrán spéire.

Haystacks

In a wind quiet corner
of cliff ruins
lay two haystacks

shaped like sagging breasts
wrought by a fort of stone nettles.

They were like us
a replica of our relationship
down soft like feathers
deadly in their simplicity

separate but lying
household-like in a field.

A couple carrying the pitchforks of their craft
to the pooka fair
at midnight.

Cocaí Féir

I gcúinne gaoithe ciúine
na bhfothrach faille
luigh dhá choca féir

cruth cíoch chliathánach orthu
i lios cloiche na neantóige.

Ba gheal linne iad
macasamhail ár gcaidrimh
cluthair ar nós clúimh
diamhair ina simplíocht

scartha ach luite
in aontíos goirt

lánúin ag iompar phící a gceirde
ar aonach na bpúcaí
ist oíche.

The Hawk

Meditative
in the oratory
of bright sunshine
thoughts hanging pensively
on the blue of sea.

A sea hawk
ghosted itself
on the northern rim of my pupil
like an unexpected shower of rain.

I startled suddenly by this
intermediary omen
of life and afterlife
this suspended fluttering
of wings
directly over my head.

It was like a clear bright augury
hung by the Gods.

The spirit of my eye rose
to see
the eye of my soul opened
to understand
the spirit of freedom grew
that I might fly
over the bare truth
into the brightness
of my own true nature.

An Seabhac

Macnamhach
sa chlochán
lá geal samhraidh
smaointe crochta go ceisteach
ar ghoirme farraige.

Thaibhsigh seabhac spéire
é féin
ar imeall thuaidh mo mhic imrisc
ar nós cith báistí gan choinne.

Bhraitheas de gheit
an tuar idirghabhálach
idir saol agus neamhshaol
go heiteallach, cleitearnach
sciathán creatha
cruinn díreach
os cionn mo bhaithise.

Ba gheall le fáistineacht gheal áthais é
crochta aiges na Déithe.
D'éirigh sprid mo shúile
go gcífinn
d'oscail sprid m'anama
go dtuigfinn
d'fhás sprid na saoirse
go n-eitleoinn
thairis lom na fírinne
isteach i ngileacht
mo nádúir féinig.

CAVE

The animal
bitten by its kind
goes to the cave to heal.

The ancient hag
lives in the cave
from the eyes of commentary.

The warrior woman
retreats to the cave
from the woes of war.

The fatherless child
conceived in the cave
of soul sanctuary.

The monk meditates
in the cave
the contrition of life.

In the cave we seek solace
in our own echo
tasting truth.

Pluais

I bpluais a théann
an t-ainmhí le cneasú
t'réis ailp a threibhe.

I bpluais a mhaireann
an chailleach ársa
ó shúilibh na cainte.

I bpluais a cheileann
an bhean troda í féin
ó bhuaireamh catha.

I bpluais a ghintear
leanbh gan athair
i bhfothair a anama.

I bpluais a dheineann
manach a mhachnamh
aithrí an tsaoil.

I bpluais a fhaighimid faoiseamh
inár macalla féin
blas na fírinne.

Tobarnangalt
The Well of the Mad

At the fork of the road
in a quiet glen
there is a separation
like the opposition of the mind
where I come
seeking respite.

The pulse of the furtive stream
leaps like soul music
mine is not a pilgrimage
the bare mid-winter voyage of old
my thirst for the magic salt
intoxicating my sight
a mystic healing on my lips.

Today, under the green mantle of summer
adorned with flowers
I swallow the nectar of harmony
whispering a song
a tune both heavy and light.

A remarkable mind
whose sole offering at the well
is gratitude
from the smiling Sylph
in the arms of the valley.

Tobar na nGealt

Ag scoilt an bhóthair
i gciúnas gleanna
tá deighilt
mar mhalairt treo na haigne
mar a dtagaim
ag lorg faoisimh.

Léimeann cuisle an tsrutháinín cheilte
mar cheol anama
ní oilithreacht an uaignis mo chuairt
turas lom lárgheimhriúil fadó
mo thart chun na salainne draíochta
ag dalladh mo shúl
rún leighis ar mo bheola.

Inniu, fé bhrat glas an tsamhraidh
maisithe le bláthanna
ólaim deoch na cothromaíochta
ag cogar amhrán
port atá idir throm agus éadrom
le suaithinseacht aigne.

Gan d'ofráil ag an dtobar
ach buíochas
ón ngealt gealgáireach
i mbaclainn an ghleanna.

Communication

Lay naked on the line
our voices on strings
connecting earth
transmitter of silence;

trees of prophesy
speckled on random fields
the trees of life, the mind
heart lines and fate;

cock crows on silent
ropes of sick calls
on a network of voices
seeking help from wind;

ley lines of the *sídhe*
pulsating underground
trace our lineage
telephoning the weight within;

satellite ditches
boundary less, senseless freedom
of buttons and screens
concealing the knots of our loneliness;

boundary lines
crossing souls
from the kitchen prison
to the field of communication;

the six lines of ages: *sex aetatis mundi*
our voices wait
for the relief of a future life
to speak openly without burden.

Cumarsáid

Luigh lom ar an líne
ár nguthanna ar shreang
ag ceangal cruinne
tarchuradóir na dtost;

crannaibh na fáistine
breac ar gach re gort
crannaibh na beatha, an chinn
línte croí is cinniúna;

glao coiligh ar théada
ola is tinnis gan urlabhra
ar ghréasán na nguth
ag fóirithint ar an ngaoth;

línte fuinnimh sí
ag cuisliú fé thalamh
lorg ár línte romhainn
guthán an chrainn ionainn;

clathacha satailíte
saoirse gan teorainn céille
na gcnaipí is na scáileán
ag ceilt snaidhm ár n-uaignis;

línte teorann
trasnaíl anamacha
ó phríosún na cistine
go gort na cumarsáide;

na sé líne: *sex aetatis mundi*
ár nguthanna ag fanacht
le faoiseamh an tsaoil romhainn
go labharfaimis gan chrann lena chéile.

THE WARRIOR AND THE VIBRATOR

One fine morning
the Warrior gave up
men for lent
but this campaign had no deadline
there was a complete moratorium
on fine lads
and as a gift from a hunter
she got a pink vibrator
for her long journey
into the barren desert.
One night came
and the Warrior said to herself
that she'd give it a curious go
she turned on the fake pink penis
and with much excitement
it travelled vibratingly
into the cave of femininity
penetrating with mock pleasure
inside her body
until she found deep orgasm
as good as any man's roar.
'Really', said the Warrior,
'this is a great plan'
and she tried it a second time
all was well
until she burst with a roar of gladness
and she possessed a second orgasm.
On the third stone of her rosary beads
she roared with delight once more
but she missed the stroke of skin
instead of the taut, pink eel
clearing the dust out of her insides
and she turned off the switch
which left her with a fit of longing

An Trodaí agus an Creathachán

Maidin gheal ghlé
thug an Trodaí suas
fearaibh don charghas
ach ní raibh aon teora leis an bhfeachtas seo
bhí bac iomlán orthu
na bocanna breátha
is mar bhronntanas ó shealgaire
fuair sí creathachán bándearg uaidh
dá haistear fada
isteach sa bhfásach lom.
Tháinig an oíche
is dúirt an Trodaí léithi féin
go mbainfeadh sí triail fhiosrach as.
Chas sí an bréagbhod plaisteach ar siúl
is le sceitimíní
thaistil sé go creathach
isteach i bpluais na baineannachta
ag treá go magúil pléisiúrtha
isteach ina corp
go dtáinig sí ar shúnás doimhin
a bhí chomh maith le béic aon fhir.
'Ambaiste' arsa an Trodaí
'ana-phlean é seo'
is thriail sí an tseift an dara babhta
bhí go maith is ní raibh go holc
gur phléasc sí le scairt áthais
is shealbhaigh sí an dara súnás.
Ar an tríú cloch ar a paidrín
scread sí le háthas arís
ach bhraith sí cuimilt chraicinn uaithi
in áit na heascún righne bándeirge
ag baint na smúite as a hionathar
is mhúch sí an cnaipe
á fágaint le taom maoithneachais

for a real live man
so she put the device aside
until the next time
she was seeking alleviation!

i ndiaidh fir ina steillebheathaigh
is chuir an gléas i dtaisce
don chéad uair eile
a bhí sí ar thóir faoisimh!

THE WARRIOR MAKES LOVE

a love song

The Warrior went quickly into the arms of a tender hunter who gave her love. His hands both able and gentle and their wandering brought her pleasure. Her sweet clitoris began to sing in triumphant cries, alive with blossoms. He had never skirted such a feminine vagina and they danced together over the tops of clouds. He rose in respect of his goddess. Two love knots bound in limbs together. His climax was like fairy silk. This love and lust and random desiring. Then came the bright light of morning as they lay happily hand in hand in the house of grace.

An Trodaí ag Suirí

amhrán grá

Chuaigh an Trodaí
go pras i mbaclainn
sealgaire shéimh
a bhí ag tabhairt grá di
cumasach tláith
do bhí a lámha
ag fánaíocht
méir
a thug di sásamh
an bhreall bhinn
aici ag cantan
glórtha buacacha,
beomhara bláthmhara
faighin níor sciorr sé
riamh chomh banúil
is do rinc' an bheirt
thar bharr na scamall
d'éirigh sé in ómós
dá spéirbhean
dhá bhall seirce
i ngéaga ceangailte
mar shíoda sí
a dhréimríocht pháirteach
grá is mian na dúile fánaí
ar maidin gheal is iad go sásta
láimh ar láimh i dtigh na ngrást.

The Warrior Rising

Rise from your slumber
my hidden goddess
extend
the doors to your tomb
and be my muse
let your stream flow
your quality
and your form
with love's illusions
for the wholeness within you
your silken seed
with love knots
fairy threads
your sweetest honey
your sparkle
rise up from your cave
with plaited intention
that you are all
that you are she
the beauteous one
who rose from the dead
for your race
for your gender
who was suppressed
so go forth and sing
of your eternal beauty
of the conception in your womb
your brightness of brightness.

Éirí Amach an Trodaí

Éirigh as do luí
a bhandia cheilte
sín amach
doirse do thuama
is bí id' bhé
scaoil sruth sreibhe
do mhianach
is do chló
le speabhraídí grá
don uile ionat
dod' shíol síoda
tearmann na dteifeach baineann
le snaidhmeanna seirce
snáithíní sí
do mhilse meala
do loinnir
éirigh amach ód' phluais
le forógra i bhfíochán do chuid gruaige
gur tú an uile
gur tú an í
gur tú an ise is deise
a d'aiséirigh ón mbás
ar son do chine
is insint d'inscne
a bhí fé chois
is bí ag cantan
féd' áilleacht shíoraí
fén ngin id' bhroin
fé ghile do ghile.

Refuge

Strange music
weird morning
sky greyness
drops of rain
gusts of wind
on my head
my desk overfloweth.

Dídean

Ceol aduain
maidin aisteach
liathacht spéire
braonaíocha báistí
séideán gaoithe
ar mo cheann
mo bhinse ag
cur thar maoil.

Wobbly

From the dreaded arms
of clawing melancholy
I lift my head
against the gale
to see in sea spume
silver nymphs
dancing to an unheard tune
where jaws of doom clenched
I feel the snap of storm waves
jolting me to unexpected reverie;
how fickle my mood
quick to about turn like rain
to wet my head
in the delirium of absolute joy
masking itself like autumn wind
to whip my face
in the certainty of cold relief.

Suaitheadh

Ó uamhanlámha
crúbacha an bhróin
ardaím mo cheann
i gcoinnibh na gaoithe
go gcím i gcúr farraige
símhná airgid
ag rince le ceol anaithinid
áit ar phléasc gialla na míchinniúna
braithim snap na dtonnta anfacha
am' chroitheadh gan choinne im' aislingeoir geal;
nach guagach mo mheon
ag casadh de gheit ar nós báistí
a fhliuchfadh mo cheann
ina rámhaillí lúcháireach
á cheilt féin ar nós gaoth fhómhair
chun m'aghaidh a chlipeadh
le cinnteacht fhuar an fhaoisimh.

WELLNESS

It is a subtle shift
tremulous notes like star music
filtering gently into that murky space
that obscures the path to happiness
a celestial symphony of pure joy
quivering through eddies of sadness
lifting the spirit towards clarity
from the lonely precipice
only an echo remains
of that ancient song you thought defined you
before you knelt before the Gods of wisdom
and sought the taste of the well of truth
no more the dance of destruction
for now you choose your own guides
to hold your hand out of respect
in a circle of true friendship
empowering you to love and be loved
in this sacred life spun with threads of pure gold.

Folláine

Is milis an mhil
a shíothlaíonn go séimh
isteach sa spás rúnda
a cheilis ort féin
ar do bharraicíní le fíoráthas
ag eitilt os cionn chuaifeacha an bhróin
ag soiléiriú do spride
is ó bharra na haille
ní mhaireann ach macalla
an amhráin a mhúnlaigh thú
go gcuais ar do ghlúine
roim dhéithe na gaoise
ag ól as tobar na fírinne
do chúl anois led' ainnise
do lámh i lámh na gcarad
treoraithe uaisle
go dtugair is go nglacair le fíorghrá
sa tsaol seo snite le snáithíní óir.

Love

Love is a terrible thing
it could kill you
when it explodes out of form
like a wild animal
called jealously
fury boiling within
for every treason
and to top it all
it turns to parting sorrow
you feel a pain in your chest
in bewilderment
you see your life without
the form and shape that was
and you swim around
the love that once existed
the high speed train
derailed
that your own body invented
as wrestling bodies do
then as night falls
you stare at the sky
you drink a cup of tea
apparently you are all geared up
for some other love.

Grá

Is gránna an rud grá
mharódh sé thú, siúrálta
go gcrapann sé as riocht
i gcruth ainmhí fhiáin
is éad mar ainm air
goimh ag beiriú ionat
as gach gníomh treascairte
is sa mhullach ar an méid sin
iompaíonn sé ina chumha
braitheann tú pian id' ucht
le hiontas gur deacair a thuiscint
cíonn tú do shaol dá cheal
sa chruth, sa chorp a bhí
snámhann tú timpeall
ar an ngrá do bhí
an traein ardluais
a d'imigh ós na ráillí
a chum do chorp féin
in iomrascáil chneasa
is le titim oíche
is tú ag stánadh ar an spéir
ólann tú cupán tae
is dealraítear go bhfuilir
ar tinneall do ghrá éigin eile.

SUICIDE

I

A rib of hair
between us
that fateful day
in the depths
you were nobler
that the breath of life.

Féinbhás

I

Ribe gruaige
a bhí eadrainn
lá na cinniúna
in ísleacht brí
b'uaisle tusa
ná anál na beatha

II

Heat like an itch
inciting me
a powerful being
calling my soul
to rise from the abyss
and fight for my life.

II

Teas ar nós tochais
ag tathaint orm
neach fíorchumhachtach
ag glaoch ar m'anam
aiséirí ón nduibheagán
troid ar son mo bheatha.

III

A breath, and then another
a leaping pulse.
Christ! I was still alive
in the A&E of my mind
like a suicide bomber
attempting life.

III

Anál agus anál eile
preabarnach cuisle
A Chríost! bhíos fós beo
in aonad dianchúraim m'aigne
im' bhuamálaí féinmharaithe
ag tabhairt fé bheith beo.

IV

Freakish delight
a weight of guilt
that startled the rogue death
to worship each rising sun
with a fresh start
a joyous life.

IV

Barrathuisle áthais
is ualach na ciontachta
go gcliseas an cladhaire bás
go n-adhraim gach éirí gréine
le tús úr
is aoibhinn beatha.

THE BLUE OF THE NIGHT

The white fushia
whispered
in the red fushia's ear

three sisters outlined like
blush

a pink-like paradise
low sky vermillion
flaming

the easy chatter of friends
an optically bewitched gathering
torn like inter cloud
streaks as if a gift

wicked evening light
soul breathing like
resurrection

from a forecast of melancholy grey
a flow in our earthly lives
hope
a spark from eternity.

Goirme na hOíche

Chuir an *fushia* bán
cogar
i gcluais na *fushia* deirge

imlíne na ndeirfiúracha ina
luisne
a bhí ar nós párthais
i ndeirgeacht íseal spéire

buille bándearg ina loinnir
lasrach
is crónán ciúin sásta
cairde

súil gheise an chomhluadair
sa chistin
sracaithe ar nós splancanna
idirscamallacha ar

bhua
solais ildánach an tráthnóna
anam anáileach ar nós
aiséirí

ó liathghruamacht an tuar aimsire
sileadh inár dtráth saolta
dóchas
splanc ón tsíoraíocht.

Fairing

Artistic hands
descend
like magic smoke
on my body.

A litany of hands
licking my lips
and the peninsula of my chin
seeking respite.

Cloud soft hand
on the heat of my breast
and the shores of my desire
brimming over.

Hands like limbs in wind
grappling with kindness
the naked secrets of our skin
sizzling.

We were on alert
carrying life baggage
two ships from both poles
sharing a universal ocean.

Still I coveted him
every cell in my body tingling
as he laid a magical hand
like lightning in my soul.

I had no regrets
about the wandering hunter
our secret a divine mystery
at the twisted alter of love.

FÉIRÍN

Lámh ealaíonta
ag tuirlingt
ar nós púir dhraíochta
ar mo chorp.

Liodán láimhe
ag líobadh mo liopaí
is leithinis mo smige
ag tóraíocht faoisimh.

Lámh bhog néaltach
ar theas mo bhrollaigh
is bruacha mo mhianta
ag cur thar maoil.

Lámha ar nós géaga sa ghaoth
ag iomrascáil go caoin
le rúnta nochta ár gcraicinn
ag siosarnaigh.

Bhíomar ar an airdeall
ag iompar lastas ár saoil
dhá long ón dá mhol
ag roinnt aigéan na cruinne.

Shantaíos fós é
gach ceall ionam ar bior
é ag leagan lámh dhraíochta
ar nós tintreach anama.

Aiféala níl orm
fén tsealgaire fánach
is ár rún ina rúndiamhair
ag altóir chasta an ghrá.

Night Sea in the Garden

Muttering sea
like a lost *púca*
magic sea sounds
eavesdropping like seashells
standing by the back door
my mind tingling
soft wave music
flying over the fields
to my summer garden.

Blood red light lying
on the dark hills
a glorious sky blue
dance shapeshifting clouds
proclaiming a sleeping sun.

I stand spellbound
on the threshold
a small prayer of thanks
to the deadly gods
of night
that I am the lost *púca*
in the stillness
of eternal wave music
wonder joy within.

Muir Oíche sa Ghairdín

Monabhar mara
mar phúca ar strae
glór draíochta farraige
i sliogán trá m'éisteachta
seasta ag an ndoras thiar
cluasa m'aigne ar bior
fuaim shocair toinne
ag eitilt thar na bánta
'dtí mo ghairdín samhraidh.

Solas fuildearg luite
ar dhoircheacht na mbeann
glóirbhog ghoirme spéire
ag rince le cruth na scamall
ag fógairt chodladh na gréine.

Mé seasta fé gheasa
ar leac an dorais
guí bheag bhuíochais
do dhéithe diamhra
na hoíche
gur mé an púca ar strae
sa chiúnas
ag síorcheol toinne
gloinnir na gliondarachta.

Gone

A cloud is missing
there is a shadow on the sun
the wind is quiet
when you are gone.

Imithe

Tá scamall in easnamh
tá scáth ar an ngrian
tá an ghaoth ina tost
is tú imithe uaim.

THE PIPERS' TRYST HOTEL, GLASGOW

for Iona

Sultan Omar
turfed the Irish poets
out of their beds
weary of the war pipes
he was earnestly learning
in the Piper's Institute next door.
The week of the vote
and damned by oppression
a bear descended from the
peaks of Cuilthionn Mhóir
and swallowed equal to
all the jigs and reels in Scotland.
It had been foretold
by the yellow moon
on the Isle of Skye
that this would happen
when she poked her head
out over the hills
like a golden hued spark
declaring that freedom would be had
if the piper from Oman
could be turfed out from his covers
and give Gaels their rightful glory.

Óstán an Pipers' Tryst, Glasgow

do Iona

Chuir Sultan Omar
as a leapacha iad
na filí Éireannacha
é cráite ag na píobaí móra
a bhí á fhoghlaim go tréan aige
in Ionad na bPíobairí béal dorais.
Seachtain an vóta
damanta ag an gcur fé chois
tháinig béar as beanna an Chuilthionn Mhóir
is d'alp sé cothrom na
jigeanna is na ríleanna
a bhí in Albain.
Bhí sé inste ag ré bhuí
an oileáin Sgitheanaigh
go dtarlódh sé amhlaidh
nuair a thug sí gliúc
amach thairis na sléibhte
ina loinnir bhuí óir
dá rá go mbeadh a spleáchas slán
dá bhféadfaí píobaire Oman
a tharrac ón gclúid amach
is a gceart a thabhairt do Ghaelaibh.

The Lost Bed

I lie naked on my bed
a blush of cheek in downy memory
limbs salty with love singing
in a soothing strain between us

nights of calm and storm
crying alone of
lonely life beneath a sheet of snow
my sleeping stage under my back

I will take you apart
board by board
and carry you home
in your new form

on a memory foam mattress
I perpetuate my body on you
letting the trickle of history fall
and I rest

I place my forehead to your headboard
my toes to your wooden end
I stretch my hands on your double frame
psychedelic stars burst

on the milky way
springs light up
I heave a knowing sigh
and lie safely naked upon you.

Leabaidh ar Strae

Luím lomtharnocht ar mo leabaidh
luisne cnis ina cuimhne chlúimh
géaga goirt le grá ag goltraí
ina siansa séimh eadrainn

oícheanta stoirme is suain
im' aonar ag caoineadh
uaigneas saoil fé bhraillín sneachta
mo stáitse codlata fém' dhroim

bainfead as a chéile thú
clár ar chlár
is iompród abhaile thú
id' chló nua

ar thocht cúrchuimhne
buanaím mo chorp ort
scaoilim uaim silíní na staire
is ligim scíth

cuirim m'éadan le clár do chinn
mo bharraicín led' bhonn adhmaid
sínim mo lámha ar do thoirt dhúbailte
pléascann réiltíní sicidéalacha

ar bhealach na bó finne
lasann lingeadán na leapan
ligim osna chomhfhiosach
is luím lomtharnocht slán ort.

Estate

This deep emotion was
like an illness
to flee from my dwelling
the community of houses
a mark of social status
social housing
where visits are as rare
as if I were a monk
in the desert
meditating on the glory
of surrounding nature
all year round.

I look out at the
neighbours washing
drying on clothes lines
I listen to the sound of small children
to the barking of dogs
and lawnmowers
but I've outgrown it
hungry for a fresh space
I was not reared in an estate
my mind is as heavy
it is hard to carry
over closed gates.

EASTÁT

Ba gheall le tinneas
an tocht seo chun
teitheadh óm' áitreabh
an pobal tithe
atá ina mharc stádais
tithe sóisialta
nach mbíonn oiread botházntaíochta
iontu is a bheadh dá mbeinn
im' mhanach sa bhfásach
ag machnamh ar ghlóire
an nádúir máguaird
ó cheann ceann na bliana.

Féachaim amach ar
éadaí na gcomharsan
ag triomú ar línte
éistím le glór na leanaí beaga
le tafann na ngadhar
is innill bhainte féir
ach táim fásta as
cíocras ionam chun spáis úir
níor tógadh mé in eastát tithíochta
m'aigne atá chomh trom
gur deacair é a iompar
thairis geataí dúnta.

The Poet Writes

Consider yourself
your hunched back
obscuring your pen

bent like a shipwreck
swaying in sea
an outrush of words

scoured against the stream
where the sun sets
with a sonorous sound

your feather pen fingering
the musical phrases
of your black market mind

percolating like dizziness
capturing your fingers
then you hear ebony and ivory

played by a flock of birds for the fledgling poet
like a changeling
between clouds

a symphony of creativity
fodder for the brain
until a civilized

silence falls upon the concert
the sea calms
the hump recoils

your hand contracts
you lean into your seat
and read your poem.

An File ag Peannaireacht

Dearc ort féin
do dhroim dronnach
i scáil do phinn

lúbtha ar nós longbhá
ag luascadh i lár farraige
le sruthligean focal

ag sruthlú in aghaidh an tsrutha
san áit a bhfuineann an ghrian
le fuaimint fuaimneachta

do pheann cleite ag cleitínteacht
le frásaí ceoil do chinn
is margadh dubh d'aigne

ag síothlú fé mhíobhán
a theanntaíonn na méara
go n-éistíonn tú le heabhardhubh agus éabann

ag seinnt ag ealta don éigsín
ar nós iarlaise
idir na scamaill

ceolfhoireann na cruthaitheachta
coirce don gcloigeann
go dtagann sos

sibhialta leis an gcoirm
iompaíonn an fharraige ina léinseach
ídíonn an dronn
crapann do lámh
leánn tú isteach id' shuíochán
is léann tú do dhán.

Cill Rialaig Moment

A low wind rises
from the sea
to the clifftop
a trance-like sound
in the far-out sanctuary
under the whim of the muse
her purple-black velvet cloak
her unruly high spirits
wander in the tall,
quiet, wooden eaves
she descends in your ear
whispering
in a strange language
then you make love
with a ghost
who flies in through the door
to chat
with the very reefs of your soul
music pulses within you
in the silence
until a syllable cracks
in your ear
a word falls from the sky
directly
from the back of a star
until it gets stuck
in the normal system of thought
and you are left
neither coming nor going
hanging on the sound
of the sea at night-time.

IMEACHT GAN TEACHT

Éiríonn gaoth íseal
aníos ón bhfarraige
go barra na haille
mealltacht fuaime
sa tearmann imeallach
faoi choimirce na mbéithe
a clóca dúchorcra veilbhit
a teaspach ainrialta
ag sodar sna frathacha
ciúine arda, adhmaid
tuirlingíonn sí id' chluais
ag cogar
i dteanga stróinséartha
imíonn tú ag suirí
le taibhse
a eitlíonn an doras isteach
chun bothántaíochta
le fochaisí d'anama
ceol ag cuisliú ionat
sa chiúnas
go scoilteann siolla
id' chluais
titeann focal ón spéir
cruinn díreach
ar mhuin na réalta
go dtéann sé greamaithe
sa ghnáthchóras machnaimh
is fágtar thú
id' imeacht gan teacht
crochta ar ghlór
na farraige ist oíche.

CURATIVE CHARMS

on reading *Ancient Legends of Ireland* by Lady Wilde

A freckled face
can be cured with
the blood of a bull or hare
distilled water
of walnut
also works
I am confused
with neither
bull nor hare
at hand
in this lonely place.

If I brought ten
leaves of dried hemlock
to the one I loved
he would love me back
for certain
or a sprig of mint
kept in the palm
until moist
grasping the hand
of the one I loved
he'd return it
leaving me confused once more
with neither mint not hemlock
at hand
in this lonely place.

But if I were to
utter a charm
against sadness
I'd rise at sunrise
my hands on my breast

Leigheas ar Bhricíneach

ar léamh *Ancient Legends of Ireland* le Lady Wilde

Leigheasann gnúis
coisricthe ag fuil tairbh
nó le fuil an ghiorria
bricíneach craicinn
d'oibreodh leacht
gallchnó dríogtha
mar an gcéanna
táim i sáinn
gan tarbh ná giorria
ná an gallchnó féin
im' sheilbh agam
san áit uaigneach seo

Dá dtabharfainnse
deich gcinn de dhuilleoga
na muinge mire
don té go dtabharfainn grá dó
thabharfadh seisean
a chéad ghrá thar n-ais
nó craobhóg de
mhuileann an airgid
a choimeád im' bhois
go dtiocfadh taiseacht inti
bhéarfainn lámh
ar mo ghrá geal
is ghráfadh sé thar n-ais mé
fágann san
i sáinn arís mé
gan muileann an airgid
ná an mhoing mhear
im' chóngar
san áit uaigneach seo.

eyes red with weeping
the madness
that is grief
felt strongly within
I would utter
a wordless charm
for it is
in silent prayer
that sorrow is cured
in this lonely place.

Ach dá ndéarfainn
ortha i gcoinnibh an bhróin
liom féin
an mhaidin gheal seo
d'éireoinn ag éirí gréine
mo lámha ar m'ucht
deorshúileach
díth céille m'ainnise
go tiubh ionam
bheadh ortha gan focail orm
mar is sa ghuí thostach
a leigheastar cumha
san áit uaigneach seo.

About the Author

Dairena Ní Chinnéide is a bilingual poet from the Dingle Peninsula where she lives and works. Among her published poetry collections are *An Trodaí agus Dánta Eile/ The Warrior and Other Poems* (Cló Iar-Chonnacht, 2005) *Cloithear Aistear Anama* (Coiscéim, 2014) and *Labhraíonn Fungie/Fungie Speaks* (Ponc Press, 2015). She has given readings at numerous festivals and conferences throughout Ireland, in Europe and the USA. Widely published in poetry publications Dairena also writes and has won awards for short stories and flash fiction. She is an accredited tutor with Foras na Gaeilge and a workshop facilitator with Poetry Ireland's Writers in Schools Programme. She previously worked as a broadcaster, managing director of film and television company Smerbhic Teo., and an interpreter in the European Parliament.

Faoin Údar

File is ea Dairena Ní Chinnéide a scríobhann as Gaolainn agus as Béarla agus tá nós aici aistriúcháin a dhéanamh ar a cuid filíochta féin. I measc naoi gcnuasach léi atá foilsithe tá *An Trodaí agus Dánta Eile* (Cló Iar-Chonnacht, 2005), *Cloithear Aistear Anama* (Coiscéim, 2014) agus *Labhraíonn Fungie* (Ponc Press, 2015). Bronnadh iliomad gradam uirthi as a cuid scríbhneoireachta, ina measc sparántacht ón gComhairle Ealaíon chun leaganacha Gaeilge a dhéanamh de rogha saothair an bhanfhile Rúisigh, Marina Tsvetaeva. In 2016 bronnadh Patrick agus Katherine Kavanagh Fellowship uirthi as a cuid oibre. Tá taifead dlúthdhiosca déanta aici ar rogha dánta ón leabhar *fé Gheasa : Spellbound* agus tionlacan ceoil nuachumtha ó Steve Cooney agus Rónán Ó Snodaigh le tacaíocht ó Ealaín na Gaeltachta.

Some of the material in this collection has been published/broadcast previously: *The Irish Times, Southword, Northwest Words, Comhar, Feasta, Percutio, The Stinging Fly, One Over Eight, Poetry India, The Trumpet,* Poetry International, Iris IMRAM, *The Stony Thursday Book, The Scaldy Detail* (2013), *Great Expectations* 2, West Kerry Live, TG4, TV5, Raidió na Gaeltachta, Newstalk, Raidió na Life, BBC Uladh.

Scríte le tacaíocht sparántachta ón gComhairle Ealaíon agus Ealaín na Gaeltachta, le buíochas ó chroí. Bunaithe ar chonair casta an déphólachais. Written with the support of bursaries from the Arts Council of Ireland and Ealaín na Gaeltachta, with heartfelt thanks.

Inspired by the complicated wonders of being bipolar.